BEI GRIN MACHT SICH IHR WISSEN BEZAHLT

AF140852

- Wir veröffentlichen Ihre Hausarbeit,
  Bachelor- und Masterarbeit

- Ihr eigenes eBook und Buch -
  weltweit in allen wichtigen Shops

- Verdienen Sie an jedem Verkauf

Jetzt bei www.GRIN.com hochladen und kostenlos publizieren

Bibliografische Information der Deutschen Nationalbibliothek:

Die Deutsche Bibliothek verzeichnet diese Publikation in der Deutschen National-
bibliografie; detaillierte bibliografische Daten sind im Internet über http://dnb.d-
nb.de/ abrufbar.

Impressum:

Copyright © 2017 GRIN Verlag, Open Publishing GmbH
Druck und Bindung: Books on Demand GmbH, Norderstedt Germany
ISBN: 9783668507418

Dieses Buch bei GRIN:

http://www.grin.com/de/e-book/372466/trainingslehre-i-analyse-und-makrozyklus-
planung-im-kraftsport

Arno Peise

Trainingslehre I. Analyse und Makrozyklusplanung im Kraftsport

GRIN Verlag

GRIN - Your knowledge has value

Der GRIN Verlag publiziert seit 1998 wissenschaftliche Arbeiten von Studenten,
Hochschullehrern und anderen Akademikern als eBook und gedrucktes Buch. Die
Verlagswebsite www.grin.com ist die ideale Plattform zur Veröffentlichung von
Hausarbeiten, Abschlussarbeiten, wissenschaftlichen Aufsätzen, Dissertationen
und Fachbüchern.

Deutsche Hochschule für

Prävention und Gesundheitsmanagement

Hermann Neuberger Sportschule 3

66123 Saarbrücken

Einsendeaufgabe

Fachmodul: Trainingslehre I

Studiengang: Gesundheitsmanagement

Name, Vorname: Peise, Arno

Studienort: **Hamburg**

Semester: **WS 2016**

Inhaltsverzeichnis

1 Diagnose

Auf den folgenden Seiten werden biometrische Daten einer Testperson für das Krafttraining dokumentiert und entsprechend der Trainierbarkeit und Belastbarkeit eingeordnet.

1.1 Allgemeine und biometrische Daten

Nachfolgend sind die relevanten allgemeinen und biometrischen Daten der gewählten Testperson tabellarisch aufgearbeitet.

Tab. 1: Allgemeine und biometrische Daten (eigene Darstellung)

Alter	25 Jahre		
Geschlecht	weiblich		
Körpergröße	182 cm		
Körpergewicht	70 kg		
BMI	21,13 kg/m²		
Körperfettanteil	34%		
Trainingsmotive	Oberschenkel straffen (Cellulite), Abnehmen, Körperspannung verbessern		
Berufliche Tätigkeit	Mediengestalterin (sitzende Tätigkeit)		
Sportliche Aktivität	Schulsport (1997 - 2011)	Leistung: niedrig	2 mal pro Woche 90 Minuten
	Joggen (2014 - 2015)	Leistung: Anfänger	1 mal pro Woche 60 Minuten
	Kraftsport (heute)	Leistung: Anfänger	2 mal pro Woche
Verfügungszeit	Montag- und Donnerstagabend		
Blutdruck	139/92 mmHg		
Orthopädische Probleme	vorgebeugte Körperhaltung, Schultern vorgezogen		
Internistische Probleme	Hypertonie Stufe I		
Ärztliche Behandlungen	keine		
Medikamente	keine		
Gesundheitliche Einschränkungen	Unregelmäßig auftretende Rückenschmerzen		

Die Testperson hat im Bereich Krafttraining bisher lediglich die Eingewöhnungsphase von 6 Wochen absolviert und ist demnach als Anfänger einzustufen. Momentan liegt ein Bewegungsmangel bei der Probandin vor. Die gesundheitliche Einschränkung durch die Rückenschmerzen ist ärztlich untersucht worden und unspezifisch. Die vorgebeugte Körperhaltung wurde ärztlich untersucht und auf die vorwiegend sitzende berufliche Tätigkeit zurückgeführt. Eine Empfehlung zum gesundheitsorientierten Krafttraining wurde ärztlich bescheinigt.

Der ermittelte Blutdruck von 139/92 mmHg wurde mittels einer Blutdruck-Oberarm-Manschette gemessen. Dieser lässt sich nach wissenschaftlich anerkannten Normwerten der Hypertonie Stufe I entsprechend der nachfolgenden Tabelle einordnen (Lüscher, T. & Steffel, J. 2014, S. 36). Die Hypertonie Stufe I stellt einen Risikofaktor in Bezug auf mögliche Herz-Kreislauf-Erkrankungen dar.

Tab. 2: Blutdruckklassifikationen (modifiziert nach Lüscher & Steffel, 2014, S. 36)

Kategorie	Systolisch	Diastolisch
Ideal	<120	<80
Normal	120-129	80-84
Hochnormal	130-139	85-89
Hypertonie Stufe I	140-159	90-99
Hypertonie Stufe II	160-179	100-109
Hypertonie Stufe III	>179	>109
Isolierter systolischer Hochdruck	>139	<90

Gemäß der WHO wird der BMI als internationaler Maßstab für die Einordnung von Normal-, Über- und Untergewicht genutzt (WHO, 2017). Die folgende Tabelle verdeutlicht die entsprechenden Kategorien.

Tab. 3: BMI Kategorisierung (modifiziert nach WHO, 2017)

Kategorie	BMI
Untergewicht	weniger als 18,5
Normalgewicht	18,5 – 24,9
Übergewicht	25,0 – 29,9
Übergewicht Stufe I	30,0 – 34,9
Übergewicht Stufe II	35,0 – 39,9
Übergewicht Stufe III	mehr als 40

Aus den vorhanden Werten ergibt sich ein BMI (kg/m²) von 21,13. Die Testperson befindet sich im Bereich des Normalgewichtes. Bei normalgewichtigen Frauen wird im Durchschnitt von einem Körperfettanteil von 21-33% ausgegangen (Jones & Lourie, 1981, S. 87-97). Demnach stellt der ermittelte Körperfettanteil einen weiteren Risikofaktor dar. Dieser wurde mittels Hautfaltenmessung an 10 Stellen mit einem Caliper bestimmt und liegt bei 34% des Gesamtkörpergewichtes was einer Masse von 23,8kg entspricht. Der Körperfettanteil ist folglich nicht mehr in einem normalen Bereich. Das Alter und Geschlecht von 25 Jahren begünstigen aufgrund der hormonellen Lage die Trainierbarkeit der Testperson. Da keine gravierenden gesundheitlichen Einschränkungen vorliegen und der Blutdruck leicht und Körperfettanteil erhöht sind, ist aufgrund des jungen Alters bei der Testperson eine gute Trainierbarkeit und Belastbarkeit gegeben.

1.2 Krafttestung nach dem subjektiven Belastungsempfinden

Begründung der Auswahl des Testverfahrens:

Zur Krafttestung wurde das Verfahren des subjektiven Belastungsempfindens mit Hilfe der siebenstufigen Skala gewählt (Boeckh-Behrens & Buskies, 2002, S. 32). Die Testperson ist im Handlungsschwerpunkt am gesundheitsorientierten Krafttraining interessiert. Aufgrund der geringen Erfahrungen im Bereich des Krafttrainings eignet sich dieser Test für die Ermittlung der Kraft gut. Einen weiteren Grund stellt die geringere Verletzungsgefahr dar, weil keine Ausbelastung im Test stattfindet. Durch den Test des subjektiven Belastungsempfindens werden Verletzungsrisiken aufgrund fehlender Erfahrungen und fehlender Adaptationen sowohl in Knorpel, Sehnen, Bändern bei der Testperson minimiert. Ein weiterer ausschlaggebender Punkt ist der aktuelle Leistungsstand der Testperson. Sowohl intra- als auch intermuskuläre Koordination für die ungewohnten Belastungen sind nur gering ausgeprägt. Diese Störgrößen für ein aussagekräftiges Ergebnis können durch das gewählte Testverfahren relativ gut vermieden werden.

Testablauf:

Als erstes wurde ein allgemeines Aufwärmen durchgeführt. Aufgrund der sportlichen Historie (Jogging) wurden auf dem Laufband 10 Minuten mit niedriger Intensität absolviert. Nachfolgend wurde ein spezielles Aufwärmen vor der ersten Testübung durch den Trainer angeleitet. Bei jeder Übung wurde das Einstiegsgewicht durch den Trainer bestimmt und eine Ausführungsgeschwindigkeit von zwei Sekunden exzentrisch, null Sekunden isometrisch und zwei Sekunden konzentrisch durchgeführt. Durch den Trainer wurde eine Übungsauswahl und eine vorgegebene Wiederholungszahl von 8 bestimmt. Im ersten Versuch der Übung wurde versucht ein Gewicht zu finden welches die Testperson als subjektiv „mittel bis schwer" (5) für die festgelegte Wiederholungszahl einordnet (Boeckh-Behrens & Buskies, 2002, S. 32). Wurde das Gewicht beim ersten Versuch ermittelt, wird mit der nächsten Übung in Form eines speziellen Aufwärmens und des anschließenden Tests fortgesetzt. Wurde das Gewicht zu leicht oder zu schwer gewählt wird nach einer Pause von 3 Minuten das Gewicht neu angepasst und mit dem zweiten Versuch der Übung begonnen. Um ein möglichst aussagekräftiges Ergebnis zu erzielen sollen maximal drei Testsätze pro Übung absolviert werden.

Testergebnisse:

Nachfolgende Tabelle 4 entspricht den Testergebnissen der Kundin auf Grundlage der oben genannten Faktoren und Kriterien.

Tab. 4: Testergebnisse für die Testübungen (eigene Darstellung)

Übung	1. Testsatz	2. Testsatz	3. Testsatz	Ergebnis
Beinpresse horizontal sitzend	60kg	65kg	70kg	70kg
Brustpresse sitzend am Gerät	25kg	30kg	-	30kg
Rudern sitzend am Gerät	25kg	30kg	-	30kg
Beinstrecker Maschine	20kg	25kg	-	25kg
Rumpfflexion Maschine	10kg	-	-	10kg
Rumpfextension Maschine	10kg	20kg	25kg	25kg

Schlussfolgerungen und Konsequenzen:

Aus der gewählten Methode lassen sich keine Referenz- bzw. Normwerte für die Vergleichbarkeit des Maximalkraftniveaus oder Relativkraftwerte der Muskelgruppen ableiten. Aufgrund einer Vielzahl variierender Störgrößen bei den unterschiedlichen Übungen ist ein interindividueller Leistungsvergleich nicht gegeben. In Hinblick auf die Leistungsentwicklung kann der Test des subjektiven Belastungsempfindens als Instrument des intraindividuellen Leistungsvergleichs herangezogen werden. Es kann also mit zeit-

3   Trainingsplanung Makrozyklus

Im Folgenden Kapitel wird der ausgearbeitete Makrozyklus dargestellt und die Inhalte anhand der Gesundheits- und Leistungsvoraussetzungen der Testperson mit Hilfe von wissenschaftlichen Quellen argumentiert.

Tab. 7: Makrozyklusplanung (eigene Darstellung)

Makrozyklus Krafttraining 32 Wochen					
Trainingsziel	Kraftausdauer		Übergangstraining	Muskelaufbau (extensiv)	Muskelaufbau (intensiv)
Zyklusdauer	8 Wochen	K R A F T A U S D A U E R T E S T	8 Wochen	8 Wochen	8 Wochen
Einheiten pro Woche	2		2	2	2
Org-Form	GK		GK	GK	GK
Übungen pro Muskelgruppe	1-2		1-2	1-2	1-2
Sätze/Übung	2		2	3	3
Satzpausen	subjektives Empfinden (1-3 Min.)		subjektives Empfinden (1-3 Min.)	subjektives Empfinden (1-3 Min.)	subjektives Empfinden (1-3 Min.)
Anzahl Wiederholungen	15-30		12-15	11-8	6-7
Intensitäten	„mittel" bis „schwer"		„mittel" bis „schwer"	„mittel" bis „schwer"	„mittel" bis „schwer"
Bewegungs-tempo	Kontinuierlich		Kontinuierlich	Kontinuierlich	Kontinuierlich

Begründung der übergeordneten Trainingsmethode:

Als übergeordnete Trainingsmethode wurde ausschließlich das sanfte Krafttraining auf Grundlage des subjektiven Belastungsempfindens nach Boeckh-Behrens et al. (2002, S. 47) zu Grunde gelegt. In einem Vergleich des sanften Krafttrainings mit einem Training bis zur muskulären Ausbelastung wurde eine geringere laktazide und kardiale Belastungen gemessen, womit ein sanftes Krafttraining ein besseres Verhältnis zwischen Effektivität, Belastung und Risikokomponente darstellt (Buskies, 1999, S. 316). Dies stellt bei der Testperson mit der Hypertonie Stufe I den entscheidenden Vorteil für ein gesundheitsorientiertes Krafttraining heraus.

Begründung der Belastungsparameter:

Alle Belastungsparameter (Einheiten pro Woche, Übungen pro Muskelgruppe, Sätze pro Übung, Intensität) richten sich nach der Empfehlung des sanften Krafttrainings des subjektiven Belastungsempfindens (Boeckh-Behrens et al., 2002, S. 47). Da die Testperson aufgrund der geringen Erfahrung im Krafttraining als Anfänger eingestuft wurde, ist ein sanftes Training entsprechend der Empfehlung hier zielführend. Die Anzahl von zwei Trainingseinheiten pro Woche ist für die Testperson mit ihren zeitlichen Verfügungsrahmen realisierbar. Bei einem Training mit zwei Einheiten pro Woche wurde zudem in einer Metaanalyse ein größerer Muskelmassezuwachs realisiert als bei nur einem Training (Fröhlich & Schmidtbleicher, 2008, S. 4-12). Mit Hilfe einer höheren Muskelmasse kann bei körperlicher Aktivität ein größerer Energieumsatz erzielt werden. Dies trägt bei der Testperson im Rahmen der Zielsetzung einer Körperfettreduktion über den gesamten Makrozyklus bei. Um dem Grundprinzip der variierenden Belastung gerecht zu werden, findet eine Steigerung in der Satzzahl pro Übung über den Makrozyklus hinweg statt.

Begründung der Organisationsform:

Da unter anderem aufgrund des zeitlichen Verfügungsrahmens zwei Trainingseinheiten pro Woche angestrebt werden, bietet sich ein Ganzkörpertraining bei der Testperson an. Durch die vorgebeugte Körperhaltung der Zielperson ist ein gleichmäßiges Training aller Muskelgruppen im Körper notwendig um die Fehlhaltung im Sinne eines Freizeit- und Gesundheitssportes zu korrigieren. Um alle Hauptmuskelgruppen zwei mal pro Woche zu trainieren ist ein Ganzkörpertraining für die Testperson eine sinnvolle Organisationsform.

Begründung der Periodisierung:

Für die Testperson wurde im Rahmen der Periodisierung eine progressiv lineare Periodisierung gewählt, um den Grundsätzen des Krafttrainings (u.a. Prinzip der progressiven Belastungssteuerung) gerecht zu werden. Die Intensitäten steigern sich linear im Rahmen der Mesozyklen mit der Variable der Wiederholungszahlen. Hieraus leiten sich die übergeordneten Trainingsziele der einzelnen Mesoyklen mit dem Wechsel vom umfangorientierten zum intensitätsorientierten Krafttraining ab. Aufgrund des bislang wenig trainierten passiven und aktiven Bewegungsapparates der Testperson ist diese Periodisierungsform sinnvoll um den Körper langsam ansteigende Belastungen heran zu führen. Das definierte Ziel der Zunahme einer Kraftausdauerleistung kann mit Hilfe des ersten Zyklus aufgrund der Verbesserung des anaerob laktaziden Muskelstoffwechsels erzielt werden. Ein Kraftausdauertraining erhöht zudem die Kappilarisierung der Muskeln wodurch eine bessere Nährstoffversorgung gewährleistet wird und Stoffwechselvorgänge schneller stattfinden können. Es steigt die Regenerationsfähigkeit und Ermüdungsresistenz der Muskulatur, was eine gute Grundlage für das weiterführende intensitätsorientierte Training bietet. Zudem wird durch die verbesserte Kappilarisierung der Blutdruck positiv beeinflusst.

Die Phase des Übergangstrainings bildet die Vorbereitung auf ein intensitätsorientiertes Krafttraining. Ziel ist es, die Testperson an höhere Belastungen zu gewöhnen und den Wechsel hin zur Muskelhypertrophie zu gestalten. Entsprechend der herausgearbeiteten Ziele bewirkt ein Muskelaufbau eine Steigerung des Grundumsatzes und fördert somit die Körperfettreduktion durch einen Mehrverbrauch an Energie im Alltag (Rometsch, 2010, S. 21-23). Zudem wird der Energieumsatz bei körperlicher Arbeit erhöht was die Fettverbrennung bei einem negativen Energiebilanz fördert. Im Bezug auf das zweite Ziel, einer Senkung des Ruheblutdrucks, hat ein intensitätsorientiertes Krafttraining ebenfalls einen positiven Einfluss (Graves & Franklin, 2001, S. 242). Da die Testperson bisher fast keinen Sport betrieben hat, ist ein Hypertrophietraining ebenfalls zum Knochenaufbau vorteilhaft. Besonders Frauen sind im Alter von einem Verlust der Kraft, Muskelmasse und Knochendichte betroffen. Ein Aufbau der Knochenmasse und Knochendichte ist mit Hilfe des Krafttrainings somit ein positiver präventiver Nebeneffekt des Hypertrophietrainings.

4   Trainingsplanung Mesozyklus

Im folgenden Kapitel wird der ausgearbeitete Mesozyklus dargestellt und die Inhalte anhand der Gesundheits- und Leistungsvoraussetzungen der Testperson mit Hilfe von wissenschaftlichen Quellen argumentiert.

Tab. 8: Mesozyklusplanung (eigene Darstellung)

	Mesozyklus Kraftausdauer 8 Wochen			
	Woche 1-2	Woche 3-4	Woche 5-6	Woche 7-8
Trainingsziel	Kraftausdauer	Kraftausdauer	Kraftausdauer	Kraftausdauer
Einheiten pro Woche	2	2	2	2
Organisationsform	GK	GK	GK	GK
Übungen pro Muskelgruppe	1-2	1-2	1-2	1-2
Sätze pro Übung	2	2	2	2
Satzpausen	subjektives Empfinden (1-3 Min.)	subjektives Empfinden (1-3 Min.)	subjektives Empfinden (1-3 Min.)	subjektives Empfinden (1-3 Min.)
Anzahl Wiederholungen	30	25	20	15
Intensität	„mittel" bis „schwer"	„mittel" bis „schwer"	„mittel" bis „schwer"	„mittel" bis „schwer"
Bewegungstempo	Kontinuierlich	Kontinuierlich	Kontinuierlich	Kontinuierlich
Übungsauswahl	Beinpresse horizontal sitzend			
	Brustpresse sitzend am Gerät			
	Rudern sitzend am Gerät (ohne Brustpolster)			
	Beinstrecke Maschine			
	Rumpfflexion Maschine			
	Rumpfextension Maschine			

Begründung der Übungsauswahl:

Auf Grundlage der Prinzipien des Krafttrainings wurde der erste Mesozyklus im Rahmen der linearen Periodisierung strukturiert. Die Wiederholungszahlen sinken alle zwei Wochen und sichern somit eine progressive Belastungssteigerung des zu bewältigenden Gewichtes innerhalb des ersten Trainingszyklus.

Bei der Übungsreihenfolge wurden mehrgelenkige Übungen vor eingelenkige Isolationsübungen platziert. Da es sich bei der Testperson um einen Trainingsanfänger handelt, wird somit sichergestellt, dass die komplexen Übungen an den Zeitpunkt der höchsten Konzentrationsphase gelegt werden, zu Trainingsbeginn. So werden mögliche Ausführungsfehler vermieden. Ebenso werden durch die gewählte Reihenfolge zu Beginn große Muskelgruppen trainiert um Stoffwechselvorgänge durch die erhöhte körperliche Arbeit zu beschleunigen. Des Weiteren wird eine Vorermüdung kleinerer Muskelgruppen vermieden um Fehlerbilder in der Übungsausführung zu verhindern.

Als Übungsanfänger bietet sich zur Vermeidung von Ausführungsfehlern ebenfalls ein geführtes Maschinentraining an. Einerseits konnte sich die Testperson schon im gewählten Krafttest gut mit den Übungen identifizieren, andererseits qualifiziert sich ein Maschinentraining aus pädagogischer Sicht, da die Übungsausführung leicht zu erlernen ist und die Trainingsmotivation dadurch steigt.

In der konkreten Übungsauswahl wird durch das sitzende Rudern am Gerät ohne Brustpolster die Eigenstabilisierung der Rumpfmuskulatur mit trainiert. Hierbei wird die komplette Bauchmuskulatur statisch beansprucht. Darauf aufbauend wird mit zwei dynamischen Übungen für die Rumpfmuskulatur das Gleichgewicht zwischen Agonist und Antagonist gewahrt. Im gesamten Aufbau wurde dieser Grundsatz berücksichtigt um ein muskuläres Gleichgewicht bei der Testperson zu erzeugen und die Körperhaltung so nachhaltig zu verbessern. In Bezug auf die Hypertonie Stufe I wird die Übung der Extension in der Wirbelsäule am Gerät durchgeführt, um eine Überkopfposition zu vermeiden. Sollte sich der Blutdruck im Trainingsverlauf entsprechend senken, kann die Übung durch eine Automobilisationsübung ersetzt werden, um mehr Abwechslung in das Training zu bekommen.

5   Literaturrecherche

Folgend werden zwei Primärstudien zusammengefasst, welche sich mit den Themen-komplex der Effekte des Krafttrainings bei Osteoporose befassen.

Tabelle 9: Studie 1- Effekte des Krafttrainings bei Osteoporose (eigene Darstellung)

Bezeichnung der Studie	Sport und Rehabilitation in der frühen Menopause 3 Jahres Ergebnisse der Erlanger Fitness und Osteoporose Präventions Studie (EFOPS) (Uni-Erlangen, 2017, S. 1).
Autoren	Kemmler, W., Engelke, K., Pintag, R., Beskow, C., Weineck, J., Hensen, J., Kalender, W.A. (Uni-Erlangen, 2017, S. 1).
Fragestellungen	Welchen Einfluss hat ein in realistischer Häufigkeit durchgeführtes Krafttrai-ning auf die körperliche Fitness, die Lebensqualität, das Herz-Kreislaufsys-tem und das Osteoporose-Risiko bei Frauen, kurz nach der Menopause, mit niedriger Knochendichte (Uni-Erlangen, 2017, S. 1).
Jahr der Publikation	Keine Angabe
Stichprobe	137 Frauen aus dem Großraum Erlangen ohne Cortison senkende oder Östrogen erhöhende Medikamente innerhalb der letzten Jahre (Uni-Erlan-gen, 2017, S. 1).
Versuchsaufbau	Vorab wurde eine Knochendichtemessung mittels DXA und QCT Methode, eine Befragung der Teilnehmerrinnen und ein Bluttest durchgeführt. Es wurde angestrebt vier Trainingseinheiten pro Woche durchzuführen. Davon sind zwei als Gruppentraining (60-70 Minuten) und zwei als Heim-programm (25 Minuten) angedacht. Dabei wurde einmal pro Woche ein Krafttraining an Geräten mit 10-13 Übungen durchgeführt und ein mal pro Woche Halteübungen und Übungen mit Kurzhanteln, Gewichtswesten und Getränkekästen. Die Belastungshöhe des Trainings wurde langsam gesteigert. 86 Teilneh-merinnen nahmen am Training teil, 51 Frauen dienten als Kontrollgruppe. Eine Kontrollmessung der Knochendichte wurde nach 38 Monaten bei 68 Frauen der Trainingsgruppe und 36 Frauen der Kontrollgruppe durchge-führt, ein erneuter Bluttest erfolgte nach 24 Monaten (Uni-Erlangen, 2017, S. 1-2).
Hauptergebnisse	Die Knochendichte an der LWS erhöhte sich signifikant in der Trainings-gruppe. Der Unterschied der Knochendichte am Oberschenkelhals war si-gnifikant zwischen beiden Testgruppen. Das Gesamtcholesterin sank in der Trainingsgruppe zwischen -5% und -14% gegenüber der Vergleichsgruppe. Es kam zu einem signifikanten Anstieg der Lebenszufriedenheit und einer Verringerung der Schmerzhäufigkeit und -stärke in der Testgruppe (Uni-Er-langen, 2017, S. 2-3).

Tabelle 10: Studie 2- Effekte des Krafttrainings bei Osteoporose (eigene Darstellung)

Bezeichnung der Studie	Krafttraining an konventionellen bzw. oszillierenden Geräten und Wirbelsäulengymnastik in der Prävention der Osteoporose bei postmenopausalen Frauen (Jeschke, Lammel & Siegrist, 2006, S. 182).		
Autoren	Lehrstuhl und Poliklinik für Präventive und Rehabilitative Sportmedizin, TU München: Siegrist M. und Jeschke D. Kuratorium für Prävention und Rehabilatation, TU München: Siegrist M., Jeschke D. & Lammel C. (Jeschke, Lammel & Siegrist, 2006, S. 182).		
Fragestellungen	Führt ein progressives Krafttraining über 12 Monate mit oszillierenden Geräten (VT) zu vergleichbaren Veränderungen am primären Endpunkt der Lendenwirbelsäule und des Oberschenkelhalses bei postmenopausalen Frauen mit Osteopenie wie ein konventionelles apparatives Krafttraining (KT)? (Jeschke, Lammel & Siegrist, 2006, S. 183).		
Jahr der Publikation	2006 (Jeschke, Lammel & Siegrist, 2006, S. 182).		
Stichprobe	69 postmenopausale Frauen mit Osteopenie		
Versuchsaufbau	Es wurden folgender Versuchsaufbau gewählt durchgeführt:		
	Untersuchung	Werkzeug/Mittel	Zeitpunkt
	Kardiovaskuläre Belastbarkeit	Fahrradergometrie	Zu Beginn und Ende
	Knochenmineralgehalt Knochendichte an LWS und OSH	Osteodensitometrie Computertompgraphie	Zu Beginn und Ende
	Maximalkraft der Kniegelenkstrecker und Unterarmbeuger	1RM Test	Zu Beginn und Ende
	Rücken und Nachenschmerzen	Vertikal visuelle Analogskala	Wöchentlich vor und nach dem Training
	Alltagsaktivität	Aktivitätscores	Zu Beginn und halbjährlich
	Alle Probandinnen führten 2 mal pro Woche eine Wirbelsäulengymnastik (WS) durch (Intensität: subjektiv anstrengend). 26 Frauen führten ergänzend nach einer Eingewöhnungsphase ein konventionelles KT mit dem Ziel Muskelaufbau durch (80% des 1 RM mit 8-12 Wiederholungen mit einem Satz Ganzkörper-Training). 23 Frauen führten ergänzend zur Wirbelsäulengymnastik ein VT auf einer Vibrationsplattform durch (8-12 Wiederholungen mit einem Satz Kniebeugen, Bizepscurls mit Nackendrücken) (Jeschke, Lammel & Siegrist, 2006, S. 184).		
Hauptergebnisse	KT führte verglichen mit WS zu einer vergrößerten Knochenfläche am Oberschenkelhals von +1,3%. Es gab in keiner Gruppe signifikante Veränderungen an der LWS. Beide Formen zeigten Zunahmen der maximalen dynamischen Kraft der Beinstrecker (KT: +50%; VT: +54%) und Armbeuger (KT: +24%, VT: 17%). Am Fahrradergometer ist die Maximalkraftleistung durch KT um +8% gestiegen, bei WS um +6%. Das Wohlbefinden verbesserte sich durch WS am meisten. Verbesserung von Kraft und Knochenstruktur sind durch Krafttraining erreichbar (Jeschke, Lammel & Siegrist, 2006, S. 182).		

6 Literaturverzeichnis

Boeckh-Behrens, W.-U. & Buskies, W. (2002). *Fitness-Krafttraining: Die besten Übungen und Methoden für Sport und Gesundheit* (6. Aufl.). Reinbek bei Hamburg: Rowohlt.

Buskies, W. (1999). Sanftes Krafttraining nach dem subjektiven Belastungsempfinden versus Training bis zur muskulären Ausbelastung. *Deutsche Zeitschrift für Sportmedizin, 50* (10), 316-320.

Buskies, W. (2001). Zur Bedeutung des sanften Krafttrainings nach dem subjektiven Belastungsempfinden. *Sportwissenschaft, E 21522*, 56.

Eifler, C. (2016). *Studienbrief Medizinische Grundlagen* (Rev. 16.019.000). Saarbrücken: Deutsche Hochschule für Prävention und Gesundheitsmanagement.

Eifler, C. (2016). *Studienbrief Trainingslehre I – Gesundheitsorientiertes Krafttraining* (Rev. 16.019.000). Saarbrücken: Deutsche Hochschule für Prävention und Gesundheitsmanagement.

Fröhlich, M. & Schmidtbleicher, D. (2008). Trainingshäufigkeit im Krafttraining – ein metaanalytischer Zugang. *Deutsche Zeitschrift für Sportmedizin, 59 (2)*, 4-12.

Graves, J.E. & Franklin, B.A. (2001). *Resistance training for health and rehabilitation.* Champaign, Ill: Human Kinetics.

Herold, G. (1999). *Innere Medizin.* Köln: Verlag Arzt und Information.

Jeschke, D., Lammel, C. & Siegrist, M. (2006). Krafttraining an konventionellen bzw. oszillierenden Geräten und Wirbelsäulengymnastik in der Prävention der Osteoporose bei postmenopausalen Frauen. *Deutsche Zeitschrift für Sportmedizin, 57* (7/8), 182-188.

Jones, P.R.M. & Lourie, J.A. (1981). Fat and lean mass. J.S. Weiner & J.A. Lourie (Hrsg.), *Practical human biology.* London, New York, Toronto, Sidney, San Francisco: Academy Press.

Lüscher, T. & Steffel, J. (2014). *Herz-Kreislauf* (2. Auflage). Austria: Springer-Verlag.

Rometsch, L. (2010). *Krafttraining zur Gewichtsreduktion Prävention und Therapie von Übergewicht und Adipositas Eine Studie mit übergewichtigen Trainingsanfängern.* Hamburg: Diplomica.

Spring, H., Dvorak, J., Dvorak, V., Schneider, W., Tritschler, T. & Villiger, B. (1997). *Theorie und Praxis der Trainingstherapie.* Stuttgart: Thieme.

Uni-Erlangen. (2017). *Sport und Rehabilitation in der frühen Menopause 3-Jahres Ergebnisse der Erlanger Fitness und Osteoporose Präventions Studie (EFOPS).* Zugriff am 14.06.2017. Verfügbar unter http://www.ofz.uni-erlangen.de/images/EFOPS3Zusammenfassung.pdf

World Health Organization. (2017). *BMI classification.* Zugriff am 21.05.2017. Verfügbar unter http://apps.who.int/bmi/index.jsp?introPage=intro_3.html

7 Tabellenverzeichnis